평 신 도 양 육 교 재

예수를 따르는 삶

Life Following Jesus

관계가 풍성한 삶

평신도 양육교재
예수를 따르는 삶
관계가 풍성한 삶

발행일 : 초판 1쇄 인쇄 2008년 8월 21일
　　　　　개정판 1쇄 인쇄 2014년 3월 14일
발행인 : 우순태
편집인 : 유윤종
책임편집 : 강신덕
기획/편집 : 전영욱, 강영아
디자인/일러스트 : 최동호, 권미경, 오인표
홍보/마케팅 : 강형규, 박지훈
행정지원 : 조미정, 신지현

펴낸곳 : 도서출판 사랑마루
　　　　　서울시 강남구 테헤란로 64길 17(대치동)
대표전화 : TEL (02) 3459-1051~2/ FAX (02) 3459-1070
홈페이지 : http://www.eholynet.org, http://www.ibcm.kr
등록 : 2011년 1월 17일 등록번호/ 제2011-000013호
ISBN : 978-89-7591-318-1 04230

Contents

평신도 양육교재 **예수를 따르는 삶**

- 교육과정개발 : 남은경
- 교재집필 : 정원영 정방원
- 교재개정 : 박향숙

평신도 양육교재

예수를
따르는 삶

Life Following Jesus

평신도는 단지 예배 참석자가 아닙니다. 평신도는 목회의 동역자입니다. 평신도가 예수님의 제자로 세움을 입어서 주님의 명령(마 28:18-20)대로 가르쳐 지키게 하는 사명을 감당해야 합니다. 평신도들이 사역의 주체가 될 때, 아름다운 주님의 교회가 세워지고 하나님의 나라가 확장될 것입니다.

교단창립 100주년 교육사업의 일환으로 성결교회 평신도 제자화 교육과정을 개발하고 4종류의 교재를 만들었습니다. 그것은 '새신자교재→세례교재→양육교재→사역교재' 입니다. 교회에 처음 나온 새신자도 반드시 사역자로 양성하겠다는 의지가 담겨있는 시리즈 교재입니다. 이 교재에 담겨있는 핵심 키워드는 '구원→믿음→생활→사역' 입니다.

성결교회의 모든 신자들은 하나님의 은혜로 구원받아 온전한 믿음을 가지고 삶이 변화되어 주님의 사역자로 세움을 입어야 합니다. 교회에서는 새신자들이 새신자교육과 세례교육을 언제든지 받아서 온전한 신앙을 형성할 수 있도록 도와야 합니다. 그리고 양육과 사역교재를 통하여 평신도 사역자를 키워야 합니다. 만약 신앙연수가 오래되었지만 신앙이 성숙치 못한 신자가 있다면, 양육교재와 사역교재를 통하여 건강한 사역자로 세움을 입을 수 있을 것입니다.

성결교회의 새로운 100년을 맞이하면서 목회현장에 실제적으로 도움이 될 교재가 개발된 것은 참으로 기쁘고 감사한 일입니다. 앞으로 평신도들이 주님의 몸 된 교회의 주체가 되고, 역사의 책임 있는 존재가 될 수 있도록 돕는 교재들이 지속적으로 개발될 것입니다. 아름다운 주님의 비전을 꿈꾸며 새 역사의 주인공이 됩시다.

기독교대한성결교회 총무 우순태 목사

성숙한 신앙인은 세상 사람들의 눈으로 보기엔 불편하게 사는 사람일 것이다. '주님이 원하시는 삶은 어떤 것일까?' '주님은 이럴 때 어떤 결정을 내리실까?' '내가 진정한 주님의 제자라면 어떻게 행동해야 할까?' 라는 고민을 가지고 사물을 대하고 세상을 살아가기 때문이다. 하지만 궁극적으로는 세상에 대한 이러한 질문, 그리고 그 대답에 따라 불편하더라도 당당하게 살아나갈 때, 우리는 참다운 기쁨이 넘치는 삶을 살 수 있다는 것을 잘 알고 있다. 모든 성결교인들이 이러한 기쁨을 누리며 살기를 바란다. 이를 위하여 양육교재가 도움이 되기를 바라며, 몇 가지 사항을 일러두고자 한다.

첫째, 본 교재는 성인 양육을 위한 교재이다. 여기에서 성인은 법적으로, 사회적으로, 경제적으로 자립할 수 있는 사람이며, 생물학적으로 아이를 가질 수 있는 육체적으로 성숙한 사람이며, 심리학적으로 청년기를 지나고 삶의 특별한 과정을 경험한 사람이며, 교육적으로 그가 속한 사회와 문화가 마련한 어느 정도의 학교 교육을 성취한 사람이다. 또한 신앙인으로서 자신의 생애를 통하여 삶의 스타일(life style)을 형성해 가는 존재이며, 영적으로 성장 발달해 가는 존재이다.

둘째, 본 교재는 평신도를 위한 교재이다. 대부분의 내용은 일상생활에서 겪을 만한 상황이나 생각해 보아야 할 만한 주제와 내용을 담고 있다. 여기서 평신도의 의미는 단순히 교회의 구성원 중에서 평범한 사람을 의미하는 것이 아니라 교회의 대부분을 차지하는 구성원으로서 주님의 자녀이며, 제자이고, 교회를 교회되게 이끌어 가야하는 각 지체를 의미한다. 따라서 이 양육의 과정을 통하여 평신도는 더욱 성장하여 목회의 동역자로서 하나님께서 허락하신 사역의 한 부분을 감당할 수 있도록 성숙하여야 한다. 이 교재를 잘 마친다면 교회에서는 집사나 구역장 등의 역할을 맡겨도 될 정도의 훈련이 이루어질 것이다.

셋째, 본 교재 교육과정의 내용 범위는 교단의 사중복음을 서울신학대학교 성결교회신학연구회가 이 시대의 언어로 표현한 '생명', '사랑', '회복', '공의'의 신학적 설명으로 한다. 그래서 이제까지 성결교회의 교육이 개인의 영혼 구원과 개인적 삶에 있어서의 성결에 집중하였다면, 이제는 사회의 보편 가치들에 대한 복음적 시각을 갖는 데까지 교육의 목표와 장(場)을 확대하고자 한다. 그래서 생활의 모든 영역에서 구체적인 문제와 사회적, 문화적, 윤리적, 정치적, 생태적 차원까지 다루고 있다.

넷째, 이 교재는 단순히 읽기용 책이나 답을 달기 위한 성경공부 교재가 아니라 모임의 참가자들이 함께 각 주제에 따라 고민하고, 결단하고, 실천하는 워크숍 교재에 가깝다. 따라서 참가자의 답 달기와 인도자의 답 해설에 의존하는 다소 구태의연한 성경공부 교재가 아니라 함께 목적을 위하여 삶을 연습해 가는 안내서이다. 이 교재를 바탕으로 서로 격려하고, 섬김을 베풀고, 감사를 표현하는 과정을 통해 더욱 풍성한 하나님의 은혜를 누리게 될 것이다.

이러한 본 교재를 가지고 모임을 인도하게 될 인도자는 비록 목회자이거나 지도자라고 할지라도 무엇인가 지식을 가르치려고만 노력하는 것은 바람직하지 않다. 물론이 과정을 잘 인도하기 위해서 본 교재의 각 과가 이루고자 하는 목표와 그에 따르는 내용들에 대해서는 철저하고 꼼꼼하게 준비해야겠지만 자신이 깨달은 바를 참가자들도 스스로 깨달을 수 있도록 인도해야 한다. 뿐만 아니라 인도자와 학습자간의 나눔을 통해서 서로의 은혜가 더욱 풍성해 질 수 있도록 배려해야 한다.

이 교재를 통해 자신의 영적인 성숙을 기대하는 학습자들은 단순히 성경의 지식을더 얻겠다는 정도의 생각으로 임하거나, 성경에서 답을 찾아 빈칸을 채우는 다소 수동적인 자세만을 보이는 것은 바람직하지 않다. 자신의 경험과 생각을 함께 나누고인도자의 답을 기다리기 전에 먼저 고민하고 성경의 의미를 깨닫기 위해 노력해야 한다. 그리고 결국에는 이러한 모든 것들이 나의 일상생활에서도 실천될 수 있도록 노력하겠다는 다짐 속에서 생활에 임해야 한다.

본 양육교재는 모두 8권, 각 권당 5과 씩, 총 40개의 주제를 다룰 것이다. 적지 않은 양이기는 하지만, 신앙인들이 교회에서나 사회에서 부딪히게 될 모든 주제들이다 다루어 진 것은 아니다. 하지만 이 40개의 주제를 다루며 배우고, 생각하고, 느끼고, 결단하고, 실천하는 과정을 통해서 한 단계 더 성숙된 신앙인으로 나아갈 수 있는데 도움이 되리라 생각한다.

본 교재를 바탕으로 한 평신도의 양육이 성공적으로 이루어져서 모든 성도들이 교회뿐만 아니라 가정과 사회에서 주체적 존재가 되며, 성결교회의 교인으로서, 또한 그리스도의 제자로서 확고한 정체성을 갖으며, 마침내 이 땅 위에서 하나님의 뜻대로 살아가고 하나님의 나라를 이루어 내는 하나님의 사람으로 거듭나게 되기를 바란다.

6단원(사랑)

관계가 풍성한 삶

행복한 가정

배울말씀 에베소서 5장 22절–6장 4절

새길말씀 사람이 자기 집을 다스릴 줄 알지 못하면 어찌 하나님의 교회를 돌보리요
(딤전 3:5)

평신도 양육교재

관심갖기

흔들리는 가정

아래의 기사를 읽고 주어진 질문에 답해 봅시다.

> 가족과 친척들이 모처럼 한자리에 모여 훈훈한 얘기꽃을 피워야 할 추석 연휴에 평소보다 50%나 많은 가정폭력 사건이 발생했다. '명절 스트레스'가 부부 사이에 깊은 감정의 골을 만든 결과였다.
>
> 추석 전날인 18일 서울경찰청 112신고센터에는 가정폭력 신고 153건이 접수됐다. 19일 151건, 20일 133건, 21일 157건 등이었다. 평소 100건 정도이던 가정폭력 신고가 추석 연휴 기간에 40~50% 증가한 것이다. 경찰 관계자는 "명절에 고향 가는 문제로 인한 다툼뿐 아니라 가족들이 오랜만에 모이다보니 대화하는 과정에서 재산문제 등으로 다투다 폭력으로 이어지는 경우가 많다."라고 설명했다.
>
> 명절에 관계가 틀어져 이혼하는 부부도 많다. 최근 통계청이 발표한 '5년간 이혼 통계'에 따르면 설과 추석 직후인 2~3월과 10~11월의 이혼 건수가 바로 직전 달보다 평균 11.5% 많았다. 지난해 추석이 있던 9월 이혼 건수는 9,137건이었으나 직후인 10월에는 9,972건, 11월에는 9,915건으로 800건 가량 껑충 뛰었다. 2008년엔 추석이 있던 9월 6,704건에 불과했던 이혼건수가 10월 9,603건으로 43.2%나 급증하기도 했다. 한 가정상담기관 관계자는 "명절 후에는 평소보다 이혼상담 신청이 많고, 실제 이혼

으로 연결되는 경우도 많다."고 전했다.

국민일보 2013년 9월 23일자 이용상 기자

1. 현대의 가정이 흔들리는 원인은 무엇이라고 생각하나요?

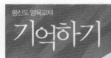

우리 가족에게 주신 말씀

배울말씀인 에베소서 5장 22절-6장 4절을 읽고 주어진 질문에 답해 봅시다.

1. 아내들에게 권면하는 하나님의 말씀은 무엇입니까? (엡 5:22, 33)

2. 남편들에게 권면하는 하나님의 말씀은 무엇입니까? (엡 5:25, 28)

3. 자녀들에게 권면하는 하나님의 말씀은 무엇입니까? (엡 6:1, 2)

4. 부모들에게 권면하는 하나님의 말씀은 무엇입니까? (엡 6:4)

우리 가족 관계도

1. '나의 가족 가계도'를 그려보세요.

- 남자는 □로 여자는 ○로 표시하세요.
- 아래와 같은 방식으로 자신의 부모와 배우자의 부모, 그리고 자녀의 관계도
  를 그려보세요.

- 가계도에서 나와 가족들과의 현재의 관계가 어떠한지 아래의 예시를 참고
  해서 표시해 보세요.

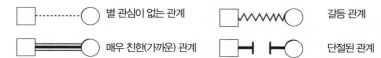

2. 가계도에서 그린 부부, 부모, 자녀와의 관계 중 회복되어야 할 관계를 찾아보세요. 아래 첫째 빈칸에는 그의 이름을 쓰고, 둘째 빈칸에는 하나님께서 권면하신 말씀의 내용을 써보세요.

을(를)   하겠습니다.

을(를)   하겠습니다.

을(를)   하겠습니다.

을(를)   하겠습니다.

평신도 양육교재
응답하기

행복 지수 높이기

1. 현대인들은 너무 바빠서 가족이 함께하는 시간과 대화하는 시간이 절대적으로 부족할 수밖에 없습니다. 가족이 함께모여 대화할 수 있는 구체적인 계획(이벤트)을 세우고 서로 나누어 봅시다.

2. 가족들에게 보낼 사랑의 문자 메시지나 편지를 지금 작성해서 보내 봅시다.

배우자에게:

부모님께:

자녀들에게:

새길말씀 외우기 ....

사람이 자기 집을 다스릴 줄 알지 못하면 어찌 하나님의 교회를 돌아보리요
(딤전 3:5)

결단의 기도 ....

사랑의 하나님, 우리에게 가정을 주시고 가정에 행복을 주시는 주님께 감
사를 드립니다. 인생의 성공이나 만족을 위해 가정의 행복을 너무나도 많
이 희생시켰음을 회개합니다. 가정이 얼마나 소중한지 깊이 인식하고 이제
부터는 성경적이고 행복한 가정을 이룰 수 있게 해 주옵소서. 예수님의 이
름으로 기도드립니다. 아멘.

우정과 인간관계

배울말씀 사무엘상 19장 1-7절

새길말씀 사람이 친구를 위하여 자기 목숨을 버리면 이보다 더 큰 사랑이 없나니
(요 15:13)

관심갖기

둘이 함께 치는 박수

아래의 글을 읽고 주어진 질문에 답해 봅시다.

> 월남전 때의 일입니다. 부상당한 군인들을 위해 위문공연이 준비되었습니다. 프로그램의 총 감독이 미국의 유명한 코미디언 밥 호프(Bob Hope)를 공연에 초대했습니다. 그런데 그가 선약을 이유로 거절했습니다. 당시 그가 빠진 위문공연은 무의미하다고 할 정도로 그의 인기가 대단했습니다. 감독의 간곡한 부탁에, 그는 더 이상 거절을 할 수가 없었습니다. 그래서 무대에 5분 정도만 출연하기로 약속했습니다. 공연 당일, 5분을 약속하고 무대 위에 오른 그. 그런데 5분이 지나도 그는 공연을 끝내지 않았습니다. 10분, 20분이 지났고, 결국 그는 40분 동안 공연을 하고 무대를 내려왔습니다. 그의 얼굴에는 눈물이 흐르고 있었습니다. 감독이 그에게 어떻게 해서 40분씩이나 공연을 하게 되었는지, 그리고 눈물을 흘리는 이유가 무엇인지 물었습니다. 그는 이렇게 대답했습니다. "맨 앞줄에 앉은 두 친구 때문에 그랬습니다. 두 친구가 힘을 합쳐 함께 박수치며 기뻐하는 모습을 보면서, 오히려 내가 참된 기쁨을 배웠습니다." 무대 맨 앞줄에는 오른팔을 잃어버린 한 사람과 왼팔을 잃어버린 또 한 사람이 앉아 있습니다. 공연 도중 그들은 한 사람은 왼팔로, 또 한 사람은 오른팔로, 함께 박수를 쳤던 것입니다.

1. 밥 호프를 감동시킨 두 친구들을 보면서, 우정이란 무엇이라고 생각합니까?

2. 교회 안에서 우리가 흔히 사용하는 단어 중에 "교인"(敎人)과 "교우"(敎友)가 있는데, 그 차이점이 무엇이라고 생각합니까?

기억하기   적인가 친구인가

배울말씀인 사무엘상 19장 1-7절과 주어진 성경구절을 찾아 읽고 질문에 답해 봅시다.

1. 사무엘상 18장에는 사울과 다윗의 관계(29절)와 요나단과 다윗의 관계(3절)라는 대조적인 인간관계가 나타납니다. 사울이 다윗이 적대적인 관계가 된 근본 원인은 무엇일까요? 세 가지 원인을 찾아봅시다.

        삼상 18:7-8 _____

        삼상 18:10 _____

        삼상 18:12 _____

2. 요나단이 사울 왕에게 다윗을 칭찬하였습니다(삼상 19:4-5). 또한 사울 왕이 요나단을 죽이려고 했을 때에도 요나단은 목숨을 걸고 끝까지 다윗을 지키려고 했습니다(삼상 20:30-33). 그 이유는 무엇일까요? (삼상 18:3)

3. 요나단은 다윗을 생명처럼 사랑하여 다윗에게 자기의 겉옷과 군복과 칼과 활과 띠를 선물로 주었습니다. 이것이 의미하는 것은 무엇일까요? (삼상 18:1-4)

평신도 양육교재
반성하기

나의 관계는...

1. 내가 맺고 있는 인간관계 중에 대적관계(사울과 다윗)와 우정관계(다윗과 요나단)를 각각 한 가지씩만 찾아보고, 또 그 원인이 무엇인지 생각해 봅시다.

관계	나의 인간관계	이유는?	앞으로의 바람은?
대적관계			
우정관계			

2. 어떻게 하면 지금 현재의 대적관계를 우정관계로 발전시킬 수 있을까요? 구체적인 방법들을 생각해 봅시다.

3. 좋은 친구를 사귀는 것보다 중요한 것은 좋은 친구가 되어주는 것입니다.
   아래의 사진은 정현종이 엮은 『Friendship —친구네 집에 가는 길은 먼 법이 없
   다—』라는 사진집에 소개된 사진 중 하나입니다. 베트남 쾅닌의 하롱 마을에서
   오랜 친구의 임종을 함께하고 있는 한 노인의 모습을 찍은 사진입니다. 사진
   을 보고 느낀 점을 나누어 봅시다. 그리고 나는 과연 좋은 친구인지 생각해봅
   시다. (롬 12:15 참조)

4. 예수님은 제자들을 친구로 여기셨고 그들에게 좋은 친구의 모델이 되셨습니
   다(요 15:13–15). 내가 예수님처럼 좋은 친구가 되기 위해 치러야하는 대가는
   무엇일까요?

평신도 양육교재
응답하기

우정 쌓기

이웃과 직장 동료와 교우들 중 내가 좋은 친구가 되어주어야 할 사람은 누가 있는지 찾아서 적어보세요. 그리고, 그들에게 좋은 친구가 되기 위해 구체적으로 도울 수 있는 일을 찾아서 써 보세요.

구분	이름	좋은 친구 되어주기
이웃		
직장동료		
교우		

새길말씀 외우기

사람이 친구를 위하여 자기 목숨을 버리면 이보다 더 큰 사랑이 없나니 (요 15:13)

결단의 기도

하나님을 섬기는 기독교인이라고 하면서도 다른 사람을 배려하지 못하고 좋은 인간관계를 맺지 못했음을 회개합니다. 다윗과 요나단처럼 영적인 우정을 쌓아갈 수 있게 해 주옵소서. 예수님의 이름으로 기도드립니다. 아멘.

성공! 야망이냐 비전이냐

배울말씀 창세기 11장 1~9절

새길말씀 주께서 곤고한 백성은 구원하시고 교만한 자를 살피사 낮추시리이다
(삼하 22:28)

진정한 성공

다음은 사랑의 집짓기 운동과 관련된 일화입니다. 읽고 주어진 질문에 답해 봅시다.

밀라드 풀러
(국제 해비타트 창립자)
Copyright©dongA.com.

밀라드 풀러(Millard Fuller)는 사랑의 집짓기 운동으로 우리에게 잘 알려진 해비타트운동의 창시자이다. 기독교 가정에서 가난하게 자란 그는 변호사가 된 후 돈을 최고로 알며 부자가 되는 것을 인생의 목표로 삼았다. 그런데 어느 날, 그의 아내 린다가 사랑을 베푸는 것을 포기한 남편에게 실망하여 가출해 버렸다. 충격을 받은 그는 집 한 채 이외에 모든 재산을 팔아 자선단체에 기증한 뒤, 아프리카에서 선교사 일을 하였다. 그리고 3년 후엔 고향인 미국 조지아주로 돌아와 흑인 빈민들을 보살피면서 봉사와 나눔의 삶을 살았다. 물론 아내와의 사랑도 회복하였다. 그는 1976년 국제해비타트운동본부를 설립하여 전 세계에 사랑의 집짓기 운동을 벌였다.

지미 카터(Jimmy Carter) 전 미국대통령은 1984년부터 이 운동에 자원봉사자로 참여하여 사랑의 집짓기에 적극 나서고 있다. 그는 성공한 대통령은 아니었다. 그는 '능력이 없다' 혹은 '우유부단하다'는 평가를 받은 실패한 대통령이었다. 하지만 그는 오히려 퇴임 이후에 더 각광을 받기 시작하였다. 바로 그의 '섬기는 삶'과 '나누어 주는 삶' 때문이었다.

지미 카터(전 미국 대통령)와 부인 로잘린 여사
2013년 10월 8일자 오클랜드
(미 캘리포니아)=AP/뉴시스

1. 밀라드 풀러의 인생에서 진정 성공한 시점은 언제라고 생각하나요? 그 이유는 무엇인가요?

2. 세상적으로 보면, 대통령이 되었다는 것은 굉장한 성공이라고 할 수 있습니다. 그런데, 지미 카터의 생애를 두고 볼 때, 진정한 성공은 어디에 있다고 할 수 있을까요?

야망의 바벨탑

배울말씀인 창세기 11장 1-9절과 주어진 성경말씀을 읽고 질문에 답해 봅시다.

1. 바벨탑 건축의 주역이었던 니므롯(창 10:8-14)이 바벨탑을 건축하면서 세 가지 기치(야망)를 내걸었습니다. 거기에 담긴 영적인 의미는 무엇일까요? (창 11:4)

세 가지 기치	영적인 의미
탑 꼭대기를 하늘에 닿게 하자!	여호와를 대적하는 추종세력을 만들겠다는 의미이다.
우리의 이름을 내자!	
온 지면에 흩어짐을 면하자!	

2. 결국 인간의 추악한 야망이 초래한 세 가지 결과는 무엇일까요? (창 11:8-9)

첫째, _____

둘째, _____

셋째, _____

3. 인간의 야망이 실패한 직접적인 원인은 무엇일까요? (창 11:5-7)

반성하기 평신도 양육교재   하나님의 비전

1. 바벨탑은 하나님의 비전과 대립되는 인간의 야망이었습니다. 오늘 우리 시대의 바벨탑은 무엇일까요?

세 가지 기치	오늘 우리 시대의 바벨탑
탑 꼭대기를 하늘에 닿게 하자!	
우리의 이름을 내자!	
온 지면에 흩어짐을 면하자!	

2. 창세기 11장 전체는 인간의 야망과 하나님의 비전을 선명하게 대조해 주고 있습니다. 바벨탑 사건(창 11:1-9)이 인간의 야망을 대변하는 것이라고 한다면, 하나님의 비전은 무엇일까요? (창 11:27-32)

3. 인류를 구원하시려는 하나님의 비전과 대립되는 나의 바벨탑을 살펴봅시다.
   또 나는 어떻게 하면 하나님의 비전을 이룰 수 있을까요?

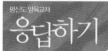

비전 세우기

1. 다음은 사법시험준비생이었던 한 형제의 간증입니다. 이 형제처럼 혹시 야망
   과 비전 사이에서 고민하고 있지는 않습니까? 내가 품어야 될 비전은 무엇일
   까요? (마 6:33, 마 28:18-20)

> 주님을 알고 난 뒤 고민 하나가 늘 따라다녔습니다. 나는 왜 사시에 목숨
> 을 걸고 있나? 전 그 이유를 잘 알고 있었습니다. 가난했던 가정, 어떻게든
> 남부럽잖은 권세를 가져야 한다는 야심, 난 해낼 수 있다는 자신감, 그래서
> 여기까지 온 것입니다. 그런데 바로 그것이 주님 앞에서 저를 부끄럽게 만
> 들었습니다.
> 　그때 마침 알게 된 것이 보호관찰사란 제도입니다. 죄를 범한 청소년들이
> 재범하지 않도록 돕는 일, 나처럼 어렵게 자란 청소년들에게 꼭 필요한 일,
> 처음엔 그저 좋은 일이다 정도로만 생각했는데 그 생각이 제 마음을 놓지 않
> 았습니다. 그리고 지난 주일, 그러니까 고난주일 예배 때였습니다. 헌금시
> 간이 되었는데 갑자기 이런 마음이 생기더군요. '나를 살리기 위해 당신을
> 내어주신 하나님께 나는 무엇을 드릴 수 있을까?' 이런 생각을 하며 으레 지
> 갑을 꺼내느라 양복 안주머니에 손을 넣었습니다. 그때 사시 수험표가 지갑
> 과 함께 제 손에 잡혔습니다. 동시에 보호관찰사가 떠올랐고요. '그래, 이거
> 야.' 하고 결정했습니다. 수험표를 헌금주머니에 담아 버렸지요. 제게는 한
> 낱 야망에 불과한 법관 대신 보호관찰사가 되기로 작정한 것입니다. 예배당
> 을 나오며 바라본 봄 하늘이 그렇게 아름다운 줄 예전에는 정말 몰랐습니다.

2. 하나님의 비전을 세우기 위해 세속적인 야망은 반드시 포기되어야 합니다. 이를 위해 예수님(눅 22:42)과 바울(빌 3:7-9)의 결단을 참고하여 개인적으로 버려야 할 야망과 품어야 할 비전을 구체적으로 작성해 봅시다.

예수님의 결단 (눅 22:42 새번역)	바울의 결단 (빌 3:7-9 새번역)
아버지, 만일 아버지의 뜻이면, 내게서 이 잔을 거두어 주십시오. 그러나 내 뜻대로 되게 하지 마시고, 아버지의 뜻대로 되게 하여 주십시오.	나는 내게 이로웠던 것은 무엇이든지 그리스도 때문에 해로운 것으로 여기게 되었습니다. 그뿐만 아니라, 내 주 예수 그리스도를 아는 지식이 가장 고귀하므로, 나는 그밖의 모든 것을 해로 여깁니다. 나는 그리스도 때문에 모든 것을 잃었고, 그 모든 것을 오물로 여깁니다. 나는 그리스도를 얻고, 그리스도 안에 있는 사람으로 인정받으려고 합니다. 나는 율법에서 생기는 나 스스로의 의가 아니라, 그리스도를 믿는 믿음으로 말미암아 오는 의, 곧 믿음에 근거하여, 하나님에게서 오는 의를 얻으려고 합니다.

버려야 할 야망

품어야 할 비전

주께서 곤고한 백성은 구원하시고 교만한 자를 살피사 낮추시리이다
(삼하 22:28)

결단의 기도 ·······

사랑의 하나님, 그동안 우리는 성공이라는 미명 아래 하나님의 비전과 우
리 자신의 야망을 너무 혼동하며 살았음을 회개합니다. 이제는 세상의 야
망을 버리고 하나님의 비전을 성취하는 사람으로 살게 해 주옵소서. 예수
님의 이름으로 기도드립니다. 아멘.

시험! 유혹이냐 연단이냐

배울말씀 마태복음 4장 1-11절

새길말씀 사람이 감당할 시험 밖에는 너희가 당한 것이 없나니 오직 하나님은 미쁘사
너희가 감당하지 못할 시험 당함을 허락하지 아니하시고 시험 당할 즈음에
또한 피할 길을 내사 너희로 능히 감당하게 하시느니라 (고전 10:13)

관심갖기
평신도 양육교재

시험-유혹과 연단

아래의 글들을 읽고 주어진 질문에 답해 봅시다.

〈이야기 1〉 밴더빌트 대학에 경건한 그리스도인이라 일컬음을 받는 수학
교수인 메디슨 쎄럿이 있었다. 그는 학생들에게 시험지를 내줄
때마다 항상 이렇게 말했다고 한다. "나는 오늘 여러분에게 두
가지 시험지를 내줍니다. 하나는 수학이라는 시험지이고 다른
하나는 정직이라는 시험지입니다. 여러분이 수학이라는 시험
에 통과하는 것은 여러분에게 일시적 성공을 약속합니다. 그러
나 정직이라는 시험에 통과하지 못하면 여러분의 삶에서 진정
한 성공을 기대할 수가 없습니다. 여러분은 수학이라는 시험에
실패하고도 훌륭하게 인생을 살아갈 수 있지만, 만약 정직이라
는 시험에 실패한다면 보람 있는 삶을 기대할 수 없습니다."

〈이야기 2〉 "그 일 후에 하나님이 아브라함을 시험하시려고 그를 부르시되
아브라함아 하시니 그가 가로되 내가 여기 있나이다 여호와께서
가라사대 네 아들 네 사랑하는 독자 이삭을 데리고 모리아 땅으
로 가서 내가 네게 지시하는 한 산 거기서 그를 번제로 드리라 아

브라함이 아침에 일찍이 일어나 나귀에 안장을 지우고 두 사환
과 그 아들 이삭을 데리고 번제에 쓸 나무를 쪼개어 가지고 떠나
하나님의 자기에게 지시하시는 곳으로 가더니 제 삼일에 아브라
함이 눈을 들어 그곳을 멀리 바라본지라"(창 22:1-4)

〈이야기 3〉 "저녁때에 다윗이 그 침상에서 일어나 왕궁 지붕 위에서 거닐다
가 그곳에서 보니 한 여인이 목욕을 하는데 심히 아름다워 보이
는지라 다윗이 보내어 그 여인을 알아보게 하였더니 고하되 그
는 엘리암의 딸이요 헷 사람 우리아의 아내 밧세바가 아니니이
까 다윗이 사자를 보내어 저를 자기에게로 데려 오게 하고 저가
그 부정함을 깨끗게 하였으므로 더불어 동침하매 저가 자기 집
으로 돌아가니라 여인이 잉태하매 보내어 다윗에게 고하여 가
로되 내가 잉태하였나이다 하니라"(삼하 11:2-5)

1. 학창시절 때 '정직이라는 시험지' 때문에 고민해 본 적은 없는지 서로 나누어
봅시다.

2. 아브라함의 시험과 다윗의 시험은 어떤 차이가 있을까요?
(야고보서 1장 2-3절과 13-15절을 비교하라.)

평신도 양육교재

기억하기

예수님의 시험

배울말씀인 마태복음 4장 1–11절을 읽고 주어진 질문에 답해 봅시다.

1. 예수님은 공생애를 시작하시면서 누구에게 이끌리어 마귀에게 시험을 받으셨을까요? 그리고 예수님은 시험이라는 것을 어떻게 이해하셨기에 아주 적극적인 자세로 광야로 나아가셨을까요? (마 4:1)

2. 첫 번째 시험을 통해 마귀가 의도한 것은 무엇이고, 예수님이 하신 말씀은 무엇일까요? (마 4:3–4)

3. 두 번째 시험을 통해 마귀가 의도한 것은 무엇이고, 예수님이 하신 말씀은 무엇일까요? (마 4:5–7)

4. 세 번째 시험을 통해 마귀가 의도한 것은 무엇이고, 예수님이 하신 말씀은 무엇일까요? (마 4:8–10)

1. 성경구절을 찾아 예수님이 받으신 시험을 아담의 시험과 비교해 보고, 아울러 사도 요한이 표현한 마귀의 세 가지 시험과 연결해서 정리해 보세요.

시험의 내용	마 4:3-10	창 3:6	요일 2:16
물질에 대한 시험	"네가 만일 하나님의 아들이어든 명하여 이 돌들이 떡덩이가 되게 하라"(3절)		육신의 정욕
명예에 대한 시험		보암직도 하다	
권력에 대한 시험	"만일 내게 엎드려 경배하면 이 모든 것을 네게 주리라"(9절)		

2. 기독교인도 시험에서 자유로울 수 없다는 것을 가르치시기 위해, 예수님은 우리에게 어떻게 기도하라고 하셨나요? (마 6:13)

3. 예수님은 마귀의 세 가지 시험을 무엇으로 물리치셨나요? 그리고 사도 바울은 마귀와 싸워 이길 수 있는 공격용 무기인 하나님의 말씀을 무엇이라고 표현했나요? (엡 6:17)

4. 말씀 자체가 되시는 예수님이 하나님의 말씀으로 마귀를 물리치실 때, 마귀도
   하나님의 말씀(시 91:11-12)을 인용하면서 예수님을 시험했다는 사실이 우리
   에게 알려주는 것은 무엇인가요?

평신도 양육교재

응답하기

시험에서의 승리

1. 시험이 올 때 유혹을 물리치고 오히려 그것을 연단의 기회로 삼기 위해 어떻게
   해야 할까요? 성경을 통해 예수님의 세 가지 가르침을 찾아봅시다.

   마 4:1 _____

   마 4:2 _____

   마 4:4, 7, 10 _____

2. 마귀의 시험을 이기기 위해 우리가 무장해야 할 영적 무기는 무엇이 있을까
   요? 에베소서 6장 14–18절을 찾아서 아래에 있는 그림의 빈칸을 채워봅시다.

〈엡 6:14–18〉

3. 영적 싸움에서 이기기 위해 6가지 영적 무기로 무장하는 일은 우리 각자가 책임져야 할 일입니다. 그런데 이것만으로 다 된 것은 아닙니다. 우리가 시험 당할 때 성령님께서 역사하시고 함께해 주셔야만 이길 수 있습니다. 성경은 "모든 기도와 간구를 하되 항상 성령 안에서 기도하고 이를 위하여 깨어 구하기를 항상 힘쓰며 여러 성도를 위하여 구하라(엡 6:18)"라고 말씀하십니다. 이번 한 주간 동안 하루 30분 이상씩 "영적 무장을 위한 5일간의 특별 기도의 시간"을 갖도록 합시다. 자신의 기도 제목을 내어 놓고, 함께 이 과정을 공부하는 성도들의 기도 제목도 적어서 중보 기도의 시간을 갖도록 합시다.

영적 무장을 위한 5일간의 기도

기간 : [ ] 월 [ ] 일 ~ [ ] 월 [ ] 일

일	일	일	일	일
확인	확인	확인	확인	확인
나의 기도 제목				
_____ 의 기도제목				
_____ 의 기도제목				
_____ 의 기도제목				
_____ 의 기도제목				
_____ 의 기도제목				

새길말씀 외우기

사람이 감당할 시험밖에는 너희가 당한 것이 없나니 오직 하나님은 미쁘사 너희가 감당하지 못할 시험 당함을 허락하지 아니하시고 시험 당할 즈음에 또한 피할 길을 내사 너희로 능히 감당하게 하시느니라 (고전 10:13)

결단의 기도

사랑의 하나님, 예수님이 받으신 물질과 명예와 권력의 세 가지 시험은 오늘 우리들도 동일하게 당하는 시험인 줄 압니다. 예수님처럼 우리들도 마귀의 어떠한 시험이라 할지라도 이기게 해 주옵소서. 예수님의 이름으로 기도드립니다. 아멘.

낮은 자와 함께

배울말씀 아모스 8장 4-10절
새길말씀 우리 각 사람이 이웃을 기쁘게 하되 선을 이루고 덕을 세우도록 할지니라
(롬 15:2)

평신도 양육교재
관심갖기

고(故) 최춘선 할아버지의 삶

다음은 최춘선 할아버지의 아들인 최바울 목사님의 인터뷰를 바탕으로 한 이야기입니다. 읽고 주어진 질문에 답해 봅시다.

'맨발 할아버지'로 수많은 기독교인들의 눈시울을 적셨던 고 최춘선 할아버지를 기억하십니까? 30년이 넘도록 맨발로 다니며 복음을 전하셨던 최춘선 할아버지는 본래 경기도 김포에서 목회하시던 목사님이셨습니다. 그리고 부모에게 어마어마한 재산을 물려받은 부자였습니다. 그런 할아버지가 죽을병에 걸렸다가 다시 살아난 이후, 하나님의 은혜를 생각하며 전 재산을 다 팔아 가난한 사람들에게 나눠주고 전도자의 삶을 살게 되었던 것입니다. 더 놀라운 사실은 할아버지가 김구 주석과 함께 독립운동을 한 독립유공자란 사실이었습니다. 할아버지는 결국 2001년 여름, 1호선 수원행 열차에서 의자에 앉은 채 82세의 나이로 세상을 떠나셨습니다.

할아버지의 장남인 최바울 목사님(동그라미 유아심리연구소)은 "부끄러웠던 맨발의 아버지가 이제는 제 인생의 모델입니다."라고 고백하며 아버지를 그리워했습니다.

최바울 목사님은 "신앙은 가르치는 것이 아니고 보여주는 것이라는 걸 죽기까지 몸소 실천하셨던 분이에요."라고 아버지를 기억합니다.

"기력이 다하신 아버지께서 한번은 식사 중에 '아가, 숟가락 좀 가벼운 거 없니?'라고 하시는 거에요. '얼마나 기력이 떨어지셨으면 숟가락이 무겁다고 하실까.'하고 맘이 아팠지만 아버지의 전도는 막을 수가 없었어요."

"아버지는 내일 일은 절대로 걱정하지 않는 분이셨어요. 당장 내일 먹을 쌀이 없어도 전부 나눠주시고, 새 옷을 사다드리면 밖에 나갔다 들어오실 때 다 떨어진 헌옷으로 바꿔 입고 들어오시고, 심지어는 '바울아, 너는 따뜻한 옷이 또 있지?'라고 하시며 제 잠바들도 모두 나누어 주셨으니까요."

"중학교 때는 동생들을 모아놓고 '아버지가 예수를 믿어서 우리가 이렇게 된 것이니 우린 절대로 예수 믿지 말자.'라고 했던 때도 있었어요. 김포 일대의 땅이 대부분 아버지 소유였고 자동차가 다섯 대나 있었는데 모두 나눠주고 개천 다리 밑에서 살다가 쫓겨나는 일이 비일비재해서 어린 마음에 상처가 컸었던 것 같아요."

동생들을 모아놓고 '예수 믿지 말자'던 사춘기 시절의 상처는 그리 오래가지 못했습니다. 하나님께서 모두 채워주시고 회복시켜 주시고 인도해 주셨기 때문입니다.

가정에서 성경 이외에는 아무런 얘기도 하지 않던 아버지를 너무 높이만 바라봤던 후회스러움이 최목사에게 밀려왔습니다. "아버지께서는 하나님께 모든 것을 맡기셨던 거에요. 자신보다 더 잘 키울 수 있는 하나님께 자식들의 교육을 위탁하셨던 거죠."

아들의 결혼식 때 처음이자 마지막으로 신발을 신으셨다는 최춘선 할아버지. 그는 실로 '네 이웃을 네 몸과 같이 사랑하라'는 예수님의 말씀을 몸으로 지켜내신 맨발의 천사셨습니다.

1. 최춘선 할아버지의 삶이 기독교인과 비기독교인 모두에게 감동을 줄 수 있는 이유는 무엇일까요?

2. 최춘선 할아버지의 삶에서 발견할 수 있는 예수님의 모습은 무엇일까요?

기억하기

낮은 자의 하나님

배울말씀인 아모스 8장 4-10절을 읽고 주어진 질문에 답해 봅시다.

1. 본문에서 아모스 선지자는 누구에게 하나님의 말씀을 전했나요? (암 8:4)

2. 가난한 자들을 착취하는 부자들은 월삭과 안식일을 잘 지켰지만, 그들의 관심은 어디에 있었나요? 그리고 그 이유는 무엇이었을까요? (암 8:5-6)

3. 아모스 선지자가 전한 하나님의 맹세는 무엇이었나요? (암 8:7-10)

반성하기

진정한 경건

1. 예수님은 이 땅에 오셔서 낮은 자와 함께하셨습니다. 이러한 예수님에게 붙여진 별명은 무엇이었나요? (눅 7:34)

2. 선한 사마리아인의 비유는 이기주의가 팽배한 우리 사회에 큰 도전을 줍니다. 제사장과 레위인이 선한 이웃이 되지 못한 이유는 무엇인가요? (눅 10:30-32)

3. 양과 염소의 비유는 양극화 현상이 심화된 우리 사회에 많은 지혜를 줍니다. 염소의 부류에 속한 사람과 양의 부류에 속한 사람의 결정적인 차이는 무엇인가요? (마 25:31-46)

응답하기

나눔과 섬김

다음은 '부스러기사랑나눔회' 이경림 대표에 관한 기사입니다. 읽고 주어진 질문에 대답해 봅시다.

> "이 시대에 가장 소외된 사람이 누굴까요. 전 (빈곤층) 아이들이라 생각해요. 태어날 때 부모를 선택할 순 없지만 결국 부모에 따라 환경이 결정되잖아요. 소위 '부모 잘못 만난 아이'를 남부럽지 않게 잘 돌보는 게 주님의 사랑을 나누는 한 방법이라 생각했지요."
> 이경림(49·여) 부스러기사랑나눔회 대표는 21년간 빈곤 어린이를 돌보고 있다. 1991년 빈곤퇴치운동에 동참하기 위해 찾은 서울 시흥2동에서 '가장

낮은 곳에 있는 아이들'을 만난 그는 가장 소외된 이로 가난한 환경에 놓인 어린이들을 꼽는 데 주저하지 않았다. '빈곤아동의 대모' 강명순 목사가 설립한 이 단체에서 1992년부터 공부방 교사이자 상임활동가로 일한 이경림 대표는 어린이들이 전국 탁아방과 공부방에서 보내온 가지각색의 사연을 매달 '부스러기편지'로 묶어 세상에 소개했다.

서울 금천구 시흥2동. 1991년 당시 도시 빈민이 모여 살던 이곳에서 이 대표는 자신이 생각할 수 없을 정도로 가난하게 살아가는 어린이들을 처음 만났다. 공부방을 찾는 이들의 집에는 수도시설이 없었고, 화장실도 재래식을 동네 사람이 함께 쓰고 있었다. 늘 배가 고팠던 꼬마들은 초등학교에 들어갔지만 한글을 읽고 쓸 줄도 몰랐다. 글을 모르는 것은 부모도 마찬가지였다. 육체노동으로 생계를 꾸리기에 급급했던 이들은 자녀들의 공부에 신경을 쓸 여력이 없었다. 자녀 교육은커녕 별 탈 없이 하루를 보내고 저녁을 맞으면 다행일 정도로 부모들의 삶은 고달팠다.

이 대표는 1992년 부스러기선교회 간사로 아동 빈곤퇴치운동에 발을 들였다. 이 대표는 낮에는 간사로 선교회 본부에서 일했고 퇴근 후에는 한글교실에서 어머니들을 가르쳤다. 또 집에 와서는 어머니들과 함께 인형 눈 붙이기나 마늘 까기 같은 부업을 했다. 돈이 목적이 아니었다. 공부방 친구들의 어머니와 소통하기 위해서였다. 피곤했지만 이들에게 자녀교육법을 알려주기 위해서는 일하며 친해지는 게 가장 좋은 방법이라 생각했다.

이 대표는 가정이 화목해야 빈곤 어린이 문제도 풀릴 수 있다는 확신을 갖고 폭력과 방임에 노출된 위기 어린이들을 지역아동센터에서 돌보는 한편, 가정에 사회복지사를 보내 부모에게 올바른 양육 방법을 지도했다. 가정에서 상처받아 오갈 데 없는 성 학대 어린이·청소년을 위해서는 그룹홈 형태의 쉼터를 열어 무엇보다 정서적 안정감을 찾도록 힘을 쏟았다.

또한 그는 빈곤 어린이·청소년이 고등학교까지 마칠 수 있도록 후원자가 1대 1로 지원하는 '국내 아동결연사업'에도 주력했다. 그 결과 현재 전국 1,535개 지역아동센터와 협력해 6만 2,000여 명의 어린이와 청소년이 부스러기사랑나눔회의 도움을 받고 있다.

"저는 매해 하나님이 주시는 은혜대로 살았어요. 아동 빈곤 사역을 하게 된 것도, 2008년부터 상임대표를 맡은 것도 모두 그분의 뜻이었지요. 다만 바라는 점이 있다면 현장에서 다시 아이를 만나고 싶어요. 2013년인 지금도 돈이 없어 네 형제가 두 개의 겨울 외투를 나눠 입고, 공사장의 공중화장실을 이용하는 아이들이 있다면 믿으시겠어요? 저는 예수께서 가장 낮은 곳에 가장 먼저 오실 거라 믿습니다. 그분의 눈물이 있는 그곳에서 저를 기다리는 아이를 다시 만나는 게 제 꿈입니다."

국민일보 2013년 3월 29일자 양민경 기자의 기사 중에서

1. 이경림 대표의 기사 중에서 기억에 남는 것은 무엇입니까?

2. 아래의 상자에 몇 개의 문장이 있습니다. 옳다고 생각하면 O표, 틀리다고 생각하면 X표를 하세요.

> 1. 봉사는 나 자신을 희생하는 것이다. (   )
> 2. 봉사는 시간 낭비, 돈 낭비다. (   )
> 3. 가난한 사람은 봉사를 할 수 없다. (   )
> 4. 자원봉사는 먹고 살 만할 때 하는 것이다. (   )
> 5. 나눔은 국가의 몫이다. (   )

3. 나눔의 삶을 정기적으로 실천할 수 있는 구체적인 방법으로 무엇이 있을까요?
   함께 생각과 정보를 나눈 후에 실천을 다짐하는 기도의 시간을 갖도록 합시다.

함께읽기 자원봉사자의 자세(한국사회복지협의회)

① 나에게 맡겨진 일을 잘 할 수 있다는 확신이 있어야 한다.
② 자원봉사기관에서의 규칙을 받아들여야 한다.
③ 자원봉사활동에서 만나는 사람들과 친밀하게 지내야 한다.
④ 주어진 일에 필요한 기술을 기꺼이 배우려고 해야 한다.
⑤ 기관의 담당자 혹은 팀 리더의 지도를 기꺼이 받아들여야 한다.
⑥ 자원봉사기관의 담당직원이 일을 믿고 맡길 수 있게 하여야 한다.
⑦ 자원봉사팀에서 함께 행동하여야 한다.
⑧ 수혜자의 사생활을 보호하여야 한다.

새길말씀 외우기

우리 각 사람이 이웃을 기쁘게 하되 선을 이루고 덕을 세우도록 할지니라
(롬 15:2)

결단의 기도

사랑의 하나님, 소외되고 낮은 자와 함께하시는 하나님께 감사와 영광을 돌
립니다. 사회에서 소외되고 낮은 자들에게 그동안 무관심했던 것을 먼저 회
개합니다. 이제는 주님을 닮은 기독교인답게 소외되고 낮은 자, 즉 이웃에
대한 책임으로 나눔과 섬김을 실천하게 하옵소서. 예수님의 이름으로 기도
드립니다. 아멘.